I0772549
To:

je t'aime

MY DREAMS

XOXO

# Я люблю тебя

you are
my
sunshine

Mon Amour

For you

you are the best

you are
loved
♥

Ti amo

Be Mine

I love
YOU
· to the ·
MOON
AND
back

Love

Ich liebe dich

I
love you
more
than all
stars
in the sky

To My Dearest
Friend
Happy Valentine's
Day!
Coloring
Card

AFGREKI
EU TE AMO
Aishiteru
T'estimo Je t'aime
MILUJI TĚ
Te dua VOLIM TE
Ľúbim t'a
Te ubesk
Kocham Ciebie I love you
Ti amo
S'agapo
Mi amas vin Bahibak
Ich liebe dich
M'bi fe

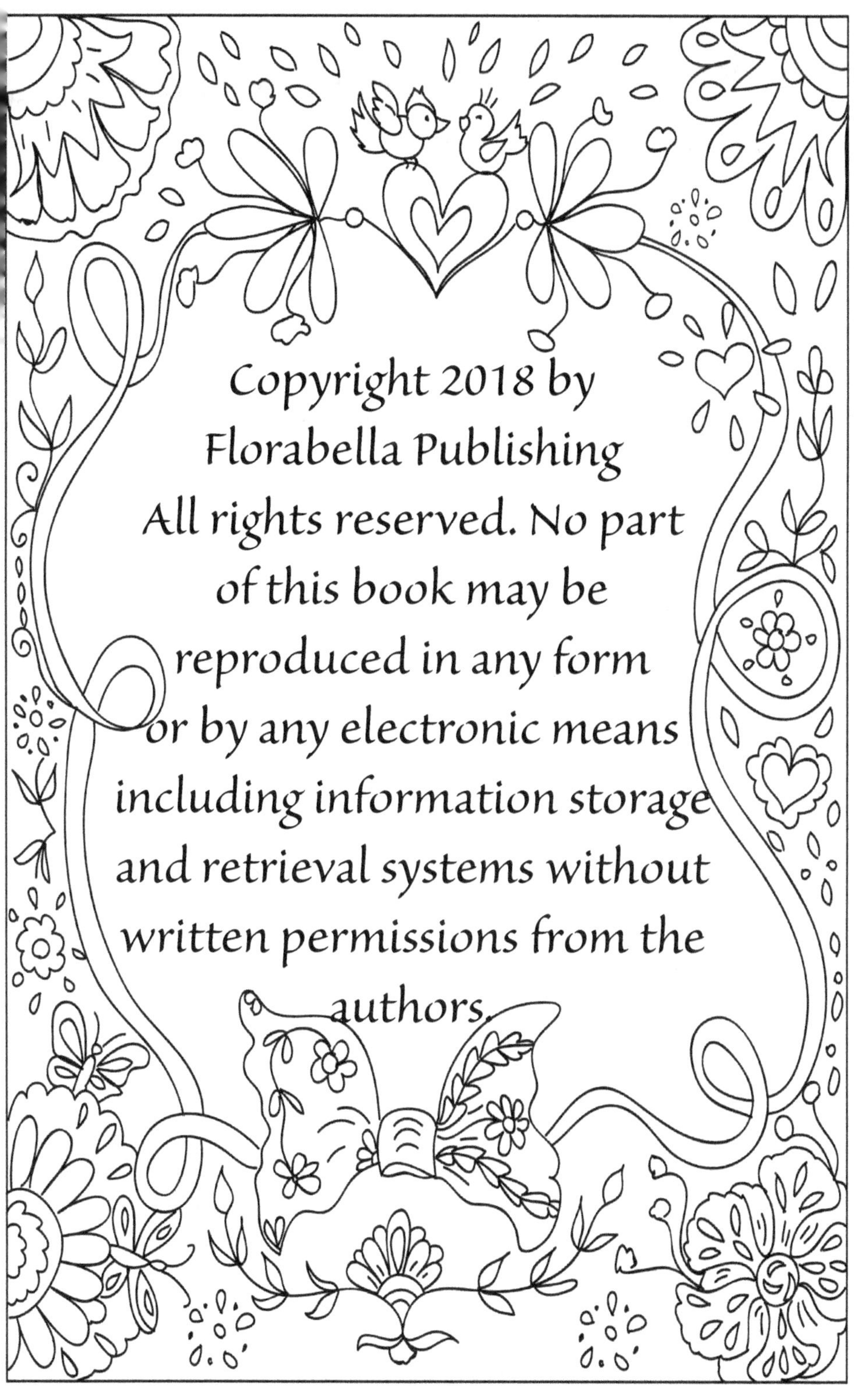

LOVE
From,